Einstern

Mathematik für Grundschulkinder

4

Themenheft 2
* Addition und Subtraktion bis 1 000 000
* Größenbereich Hohlmaße

Erarbeitet von Roland Bauer und Jutta Maurach

In Zusammenarbeit mit der
Cornelsen Redaktion Grundschule

Mathematik für Grundschulkinder
Themenheft 2
Addition und Subtraktion bis 1 000 000
Größenbereich Hohlmaße

Erarbeitet von:	Roland Bauer, Jutta Maurach
Fachliche Beratung:	Prof'in Dr. Silvia Wessolowski
Fachliche Beratung exekutive Funktionen:	Dr. Sabine Kubesch, INSTITUT BILDUNG plus, im Auftrag des ZNL TransferZentrum für Neurowissenschaften und Lernen, Ulm
Redaktion:	Peter Groß, Agnetha Heidtmann, Uwe Kugenbuch
Illustration:	Yo Rühmer
Umschlaggestaltung:	Cornelia Gründer, agentur corngreen, Leipzig
Layout und technische Umsetzung:	lernsatz.de

fex steht für *Förderung exekutiver Funktionen*. Hierbei werden neueste Erkenntnisse der kognitiven Neurowissenschaft zum spielerischen Training exekutiver Funktionen für die Praxis nutzbar gemacht. **fex** wurde vom **ZNL TransferZentrum für Neurowissenschaften und Lernen** *(www.znl-ulm.de)* an der Universität Ulm gemeinsam mit der **Wehrfritz GmbH** *(www.wehrfritz.com)* ins Leben gerufen. Der Cornelsen Verlag hat in Kooperation mit dem ZNL ein Konzept für die Förderung exekutiver Funktionen im Unterrichtswerk *Einstern* entwickelt.

Bildnachweis
15 (Karlsruhe) Fotolia/Blackosaka, (Mainz) Fotolia/pur-live-pictures, (Wiesbaden) Fotolia/pur-live-pictures, (Köln) Fotolia/ake1150, (Düsseldorf) Fotolia/SergiyN **31, 33** PROFIL Fotografie Marek Lange, Berlin

www.cornelsen.de
1. Auflage, 1. Druck 2017

Alle Drucke dieser Auflage sind inhaltlich unverändert und können im Unterricht nebeneinander verwendet werden.

© 2017 Cornelsen Verlag GmbH, Berlin

Das Werk und seine Teile sind urheberrechtlich geschützt.
Jede Nutzung in anderen als den gesetzlich zugelassenen Fällen bedarf der vorherigen schriftlichen Einwilligung des Verlages.
Hinweis zu den §§ 46, 52a UrhG: Weder das Werk noch seine Teile dürfen ohne eine solche Einwilligung eingescannt und in ein Netzwerk eingestellt oder sonst öffentlich zugänglich gemacht werden.
Dies gilt auch für Intranets von Schulen und sonstigen Bildungseinrichtungen.

Druck: Parzeller print & media GmbH & Co. KG, Fulda

ISBN 978-3-06-083699-4
ISBN 978-3-06-081944-7 (E-Book)

PEFC zertifiziert
Dieses Produkt stammt aus nachhaltig bewirtschafteten Wäldern und kontrollierten Quellen.
www.pefc.de

Inhaltsverzeichnis

Addition und Subtraktion bis 1 000 000

Im Kopf addieren und subtrahieren
- Tausenderzahlen addieren und subtrahieren 5
- Mit Analogieaufgaben rechnen 6
- Stellengerecht addieren und subtrahieren 7
- Große Zahlen addieren 8
- Große Zahlen subtrahieren 9
- Additionsaufgaben vereinfachen – Schneller rechnen 10
- Subtraktionsaufgaben vereinfachen – Schneller rechnen 11

Halbschriftlich addieren und subtrahieren
- Additionsaufgaben in Schritten lösen 12
- Subtraktionsaufgaben in Schritten lösen 13
- Schrittweise ergänzen 14

Mit gerundeten Zahlen rechnen
- Auf verschiedene Stellen runden 15
- Zahlen runden und Überschlagsrechnungen finden 16

Schriftlich addieren und subtrahieren
- Schriftlich addieren 17
- Schriftliches Addieren üben 18
- Schriftlich subtrahieren 19
- Schriftliches Subtrahieren üben 20
- Zahlenrätsel und Knobeleien lösen 21
- Additionsaufgaben überprüfen 22
- Subtraktionsaufgaben überprüfen 23
- Im Kopf oder schriftlich rechnen 24
- Geldbeträge in Kommaschreibweise addieren und subtrahieren 25
- Mit Kommazahlen rechnen 26

Mit Sachsituationen umgehen
- Gerundete und genaue Zahlenangaben vergleichen 27
- Statistische Angaben auswerten 28
- Verkaufszahlen rund ums Auto auswerten 29

Hohlmaße

Liter und Milliliter
- Die Maßeinheit Liter kennenlernen 30
- Das Fassungsvermögen schätzen und vergleichen 31
- Mit Flüssigkeitsmengen experimentieren 32
- Einheiten umwandeln 33

Mit Liter und Milliliter rechnen
- Mit Liter und Milliliter rechnen 34
- Zusammensetzung von Getränken auswerten 35

Sachsituationen
- Verstecktes Wasser entdecken 36
- Versteckten Wasserverbrauch kennenlernen 37
- Den täglichen Wasserverbrauch von Menschen untersuchen 38
- Interessante Angaben rund ums Wasser kennenlernen 39
- Rechnungen zu „Wasserspielen" zusammenstellen 40

Tausenderzahlen addieren und subtrahieren

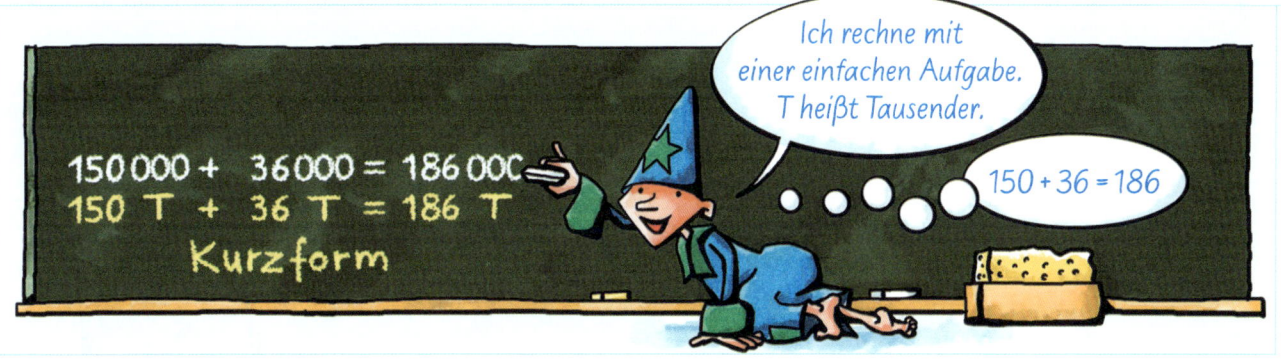

1 Schreibe die Kurzform und das Ergebnis in dein Heft.

a) 340 000 + 55 000 = ▢
423 000 + 64 000 = ▢
517 000 + 30 000 = ▢
284 000 + 105 000 = ▢

b) 358 000 − 40 000 = ▢
963 000 − 58 000 = ▢
744 000 − 220 000 = ▢
562 000 − 352 000 = ▢

c) 114 000 + ▢ = 130 000
438 000 + ▢ = 660 000
817 000 + ▢ = 920 000
588 000 + ▢ = 700 000

d) 930 000 − ▢ = 912 000
753 000 − ▢ = 696 000
415 000 − ▢ = 304 000
344 000 − ▢ = 180 000

Seite 5 Aufgabe 1
a) 3 4 0 T + 5 5 T = 3 9 5 T
3 9 5 T = 3 9 5 0 0 0
⋮
b) …

2 Schreibe nur die Lösungszahlen in dein Heft.
Ergänze jeweils …

a) … zu 100 000	b) … zu 300 000	c) … zu 700 000	d) … zu 1 000 000
34 000	258 000	230 000	889 000
58 000	150 000	350 000	778 000
19 000	54 000	470 000	667 000
84 000	193 000	590 000	556 000

Seite 5 Aufgabe 2
a) 6 6 0 0 0
⋮
b) …

e) Besprich mit einem anderen Kind, was dir bei c) und d) auffällt.

3 Schreibe die Tausenderzahlen jeweils als vollständige Zahl und berechne die Kettenaufgaben.

a) 74T + 26T + 200T + 324T + 170T + 200T

b) 160T + 83T + 170T + 90T + 448T + 3T

c) 900T − 210T − 183T − 207T − 68T − 104T

d) 794T − 144T − 99T − 176T − 63T − 205T

Seite 5 Aufgabe 3
a) 7 4 0 0 0 + …
b) …

→ AH Seiten 14 und 15
→ Ü Seite 11

* nutzen planvoll und systematisch die Struktur des Zehnersystems
* lösen Additions- und Subtraktionsaufgaben im Zahlenraum bis zur Million

Mit Analogieaufgaben rechnen

1 Setze die Reihen fort. Schreibe sie in dein Heft. Bilde selbst weitere Reihen.

a) 5 + 4 = ☐
   50 + 40 = ☐
   500 + 400 = ☐
   ⋮

b) 13 + 8 = ☐
   130 + 80 = ☐
   1300 + 800 = ☐
   ⋮

c) 21 − 6 = ☐
   210 − 60 = ☐
   2100 − 600 = ☐
   ⋮

d) 9 − 4 = ☐
   90 − 40 = ☐
   900 − 400 = ☐
   ⋮

e) 84 − 35 = ☐
   840 − 350 = ☐
   8400 − 3500 = ☐
   ⋮

Seite 6 Aufgabe 1
a) ...

Verwandte Aufgaben nennt der Mathematiker „Analogieaufgaben".

2 Finde zu jedem Aufgabenpaar zuerst die einfache Analogieaufgabe.

a) 61 000 + 28 000 = ☐
   610 000 + 280 000 = ☐

b) 5 700 − 1 300 = ☐
   570 000 − 130 000 = ☐

c) 4 100 + 3 800 = ☐
   410 000 + 380 000 = ☐

Seite 6 Aufgabe 2
a) 61 + 28 = 89
   61 000 + 28 000 = 89 000
   610 000 + 280 000 = 890 000
b) ...

3 Schreibe jeweils die einfache Analogieaufgabe, die Kurzform sowie das Ergebnis in dein Heft.

a) 530 000 + 80 000
   340 000 + 130 000
   420 000 + 380 000
   270 000 + 630 000

b) 810 000 − 70 000
   350 000 − 120 000
   415 000 − 40 000
   265 000 − 150 000

Seite 6 Aufgabe 3
a) 53 + 8 = 61
   530 T + 80 T = 610 T
   610 T = 610 000
   ⋮
b) ...

4 Finde zu jeder Aufgabe mindestens eine schwierige Analogieaufgabe und schreibe sie mit dem Ergebnis in dein Heft.

a) 7 + 12   b) 18 − 7   c) 119 + 20
d) 64 + 28 e) 35 − 18 f) 240 − 28

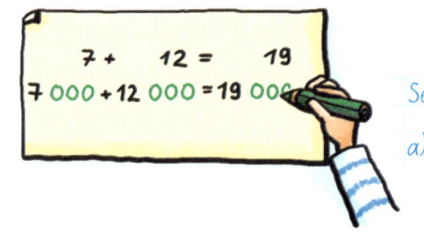

7 + 12 = 19
7 000 + 12 000 = 19 000

Seite 6 Aufgabe 4
a) ...

* übertragen ihre Kenntnisse zu den Zahlensätzen des Einspluseins in größere Zahlenräume
* entwickeln arithmetische Muster, setzen diese fort und verändern sie systematisch

→ AH Seite 16
→ Ü Seiten 12 und 13

Stellengerecht addieren und subtrahieren

1 Addiere im Kopf und notiere die Ergebnisse im Heft.
Der Zahlenschieber kann dir helfen.

	+1	+10	+100	+1 000
a)	527 619	527 619	527 619	527 619
b)	817 560	817 560	817 560	817 560
c)	209 040	209 040	209 040	209 040

	+10 000	+100 000	+10 100	+110 000
d)	527 619	527 619	527 619	527 619
e)	817 560	817 560	817 560	817 560
f)	209 040	209 040	209 040	209 040

Seite 7 Aufgabe 1
a) 5 2 7 6 2 0, …
b) …

2 Subtrahiere im Kopf und notiere die Ergebnisse im Heft.
Der Zahlenschieber kann dir helfen.

	−1	−10	−100	−1 000
a)	765 429	765 429	765 429	765 429
b)	436 785	436 785	436 785	436 785
c)	325 937	325 937	325 937	325 937

	−10 000	−100 000	−10 100	−110 000
d)	765 429	765 429	765 429	765 429
e)	436 785	436 785	436 785	436 785
f)	325 937	325 937	325 937	325 937

Seite 7 Aufgabe 2
a) 7 6 5 4 2 8, …
b) …

3 Berechne die Ergebnisse und notiere sie im Heft.

a) 10 + 1 =
100 + 1 =
1 000 + 1 =
10 000 + 1 =
100 000 + 1 =

b) 100 000 − 1 =
10 000 − 1 =
1 000 − 1 =
100 − 1 =
10 − 1 =

Seite 7 Aufgabe 3
a) 1 1, …
b) …

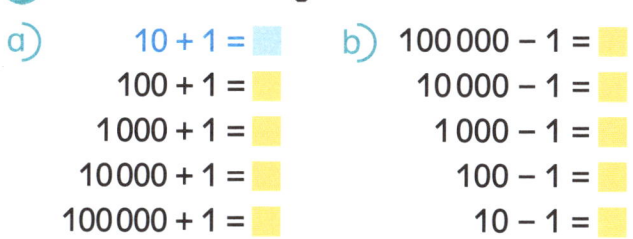

c) Schreibe selbst eine Reihe auf.

→ AH Seiten 17, 18 und 19
→ Ü Seite 14

★ nutzen planvoll und systematisch die Struktur des Zehnersystems
★ lösen Additions- und Subtraktionsaufgaben im Zahlenraum bis zur Million
★ entwickeln arithmetische Muster, setzen diese fort und verändern sie systematisch

Große Zahlen addieren

1 Suche dir ein anderes Kind. Löse aus jedem Päckchen mindestens eine Aufgabe. Bitte dein Partnerkind, die Lösungen zu kontrollieren.

Die richtigen Ergebniszahlen findest du hier der Größe nach geordnet.

a) 45 000 + 30 000 =
    74 000 + 20 000 =
    39 000 + 40 000 =
    28 000 + 70 000 =

b) 29 400 + 60 000 =
    61 500 + 30 000 =
    57 300 + 40 000 =
    73 425 + 20 000 =

c) 235 000 + 40 000 =
    827 000 + 60 000 =
    536 000 + 40 000 =
    784 000 + 10 000 =

d) 356 000 + 32 000 =
    745 000 + 34 000 =
    521 000 + 53 000 =
    432 000 + 57 000 =

e) 308 000 + 200 000 =
    514 000 + 300 000 =
    452 000 + 500 000 =
    283 000 + 700 000 =

f) 230 000 + 450 000 =
    420 000 + 570 000 =
    650 000 + 320 000 =
    360 000 + 520 000 =

g) 456 200 + 300 000 =
    528 100 + 200 000 =
    653 400 + 300 000 =
    718 600 + 100 000 =

h) 378 914 + 410 000 =
    453 812 + 330 000 =
    526 317 + 270 000 =
    245 631 + 420 000 =

i) 385 247 + 203 000 =
    252 405 + 406 000 =
    183 726 + 504 000 =
    472 318 + 207 000 =

k) 624 192 + 235 000 =
    713 228 + 154 000 =
    425 176 + 231 000 =
    532 247 + 346 000 =

Ergebniszahlen:
75 000
79 000   89 400
91 500
93 425   94 000
97 300   98 000
275 000   388 000   489 000
508 000   574 000
576 000   588 247   656 176
658 405   665 631   679 318
680 000   687 726   728 100
756 200   779 000
783 812   788 914   794 000
796 317   814 000
818 600   859 192   867 228
878 247
880 000   887 000
952 000   953 400   970 000
983 000   990 000

2 Löst die Aufgaben gemeinsam im Kopf. Was fällt euch auf? Findet Begründungen. Setzt die Aufgabenreihen fort.

a) 265 000 + 30 000 =
    255 000 + 40 000 =
    245 000 + 50 000 =
    235 000 + 60 000 =

b) 252 405 + 406 000 =
    253 405 + 405 000 =
    254 405 + 404 000 =
    255 405 + 403 000 =

Seite 8 Aufgabe 2
Uns fällt auf, ...
a) :

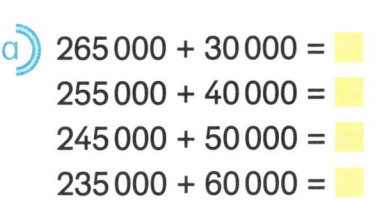
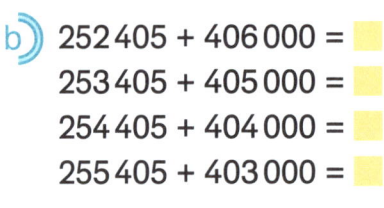

* lösen Additionsaufgaben im Zahlenraum bis zur Million
* entdecken und beschreiben Besonderheiten in arithmetischen Reihen
* setzen Aufgabenreihen fort

Große Zahlen subtrahieren

1 Suche dir ein anderes Kind. Löse aus jedem Päckchen mindestens eine Aufgabe. Bitte dein Partnerkind, die Lösungen zu kontrollieren.

a) 75 000 − 30 000 =
92 000 − 50 000 =
84 000 − 60 000 =
39 000 − 20 000 =

b) 41 300 − 20 000 =
56 200 − 30 000 =
92 700 − 70 000 =
87 300 − 60 000 =

c) 375 000 − 50 000 =
486 000 − 60 000 =
793 000 − 40 000 =
864 000 − 20 000 =

d) 486 000 − 52 000 =
785 000 − 41 000 =
653 000 − 32 000 =
974 000 − 53 000 =

e) 806 000 − 300 000 =
743 000 − 500 000 =
678 000 − 400 000 =
421 000 − 200 000 =

f) 760 000 − 320 000 =
640 000 − 410 000 =
480 000 − 350 000 =
870 000 − 640 000 =

g) 976 325 − 600 000 =
786 453 − 500 000 =
825 671 − 300 000 =
642 925 − 400 000 =

h) 872 417 − 520 000 =
695 786 − 360 000 =
863 427 − 620 000 =
785 315 − 540 000 =

i) 536 243 − 302 000 =
658 576 − 405 000 =
785 416 − 302 000 =
872 508 − 501 000 =

k) 675 234 − 221 000 =
856 135 − 524 000 =
748 617 − 426 000 =
685 333 − 273 000 =

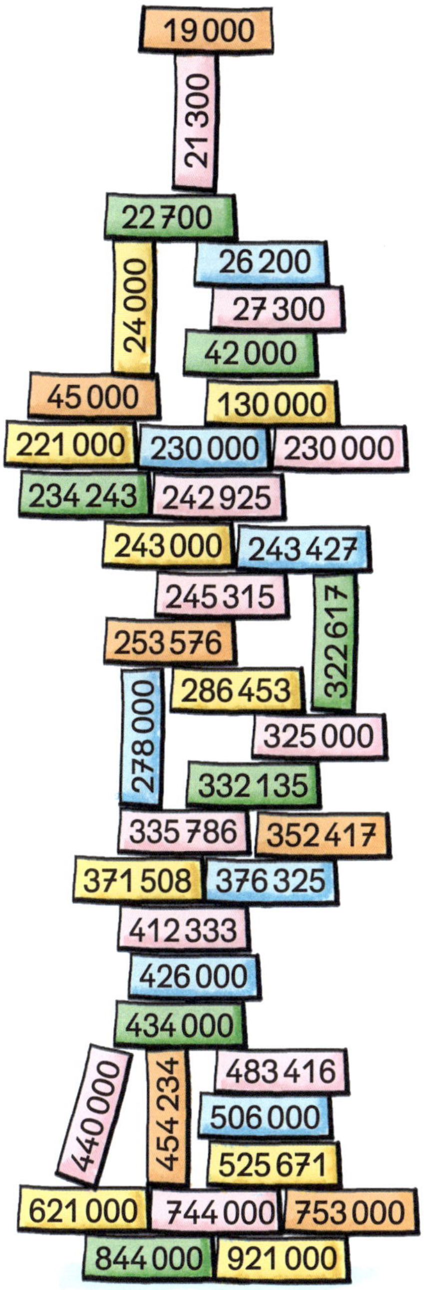

Zahlenturm:
19 000
21 300
22 700
26 200
27 300
24 000
42 000
45 000
130 000
221 000 230 000 230 000
234 243 242 925
243 000 243 427
245 315
253 576   322 617
286 453
278 000   325 000
332 135
335 786 352 417
371 508 376 325
412 333
426 000
434 000
483 416
440 000 454 234 506 000
525 671
621 000 744 000 753 000
844 000 921 000

2 Löst die Aufgaben gemeinsam im Kopf. Was fällt euch auf? Findet Begründungen. Setzt die Aufgabenreihen fort.

a) 906 000 − 500 000 =
806 000 − 400 000 =
706 000 − 300 000 =
606 000 − 200 000 =

b) 854 135 − 523 000 =
855 135 − 524 000 =
856 135 − 525 000 =
857 135 − 526 000 =

Seite 9 Aufgabe 2
Uns fällt auf, ...
a) :

★ lösen Subtraktionsaufgaben im Zahlenraum bis zur Million
★ entdecken und beschreiben Besonderheiten in arithmetischen Reihen
★ setzen Aufgabenreihen fort

Additionsaufgaben vereinfachen – Schneller rechnen

1 Finde bei jeder Aufgabe einen Rechenweg, mit dem du die Aufgabe einfacher lösen kannst.

a) 4526 + 97 =
7658 + 95 =
1617 + 193 =

b) 20 436 + 1900 =
87 635 + 1700 =
43 521 + 3800 =

Seite 10 Aufgabe 1
a) 4 5 2 6 + 1 0 0 – 3 = 4 6 2 3   b) ...

2 Schreibe mindestens zwei Additionsaufgaben in dein Lerntagebuch, bei denen du dir durch Umwandeln der Aufgaben das Rechnen erleichtern kannst.

3 Berechne und setze die Reihen fort.

a) 5680 + 10 =
5670 + 20 =
5660 + 30 =
⋮
5600 + 90 =

b) 41 000 + 28 000 =
42 000 + 27 000 =
43 000 + 26 000 =
⋮
49 000 + 20 000 =

Seite 10 Aufgabe 3
a) 5 6 8 0 + 1 0 = 5 6 9 0   b) ...

c) 6950 + 20 =
6850 + 120 =
6750 + 220 =
⋮
6150 + 820 =

d) Was ist das Besondere an diesen Reihen?

e) Erkläre einem anderen Kind, weshalb das so ist.

f) Schreibe selbst eine solche Reihe auf.

4 Ordne die Zahlen so geschickt, dass du im Kopf rechnen kannst. Schreibe das Ergebnis in dein Heft.

a) 330 + 420 + 670 =
660 + 280 + 240 =
240 + 590 + 310 =

330 + 670 + 420 ist leichter!

Seite 10 Aufgabe 4
a) 1 4 2 0, ...
b) ...

b) 5200 + 7900 + 4800 =
7400 + 7600 + 4700 =

c) 90 900 + 1600 + 2400 + 3100 =
22 100 + 840 + 160 + 900 =

★ nutzen Rechenstrategien und entwickeln vorteilhafte Lösungswege
★ beschreiben arithmetische Muster und deren Gesetzmäßigkeit
★ entwickeln arithmetische Muster, setzen diese fort und verändern sie systematisch

→ AH Seite 20

Subtraktionsaufgaben vereinfachen – Schneller rechnen

1. Finde bei jeder Aufgabe einen Rechenweg, mit dem du die Aufgabe einfacher lösen kannst.

   a) 6726 – 95 =
   4867 – 59 =
   2405 – 296 =

   b) 34526 – 1900 =
   95417 – 2800 =
   85658 – 3700 =

   Seite 11 Aufgabe 1
   a) 6726 – 100 + 5 = 6631   b) …

2. Schreibe mindestens zwei Subtraktionsaufgaben in dein Lerntagebuch, bei denen du dir durch Umwandeln der Aufgaben das Rechnen erleichtern kannst.

3. Berechne und setze die Reihen fort.

   a) 3800 – 90 =
   3790 – 80 =
   3780 – 70 =
   ⋮
   3720 – 10 =

   b) 78000 – 26000 =
   77000 – 25000 =
   76000 – 24000 =
   ⋮
   70000 – 18000 =

   Seite 11 Aufgabe 3
   a) 3800 – 90 = 3710   b) …

   c) 4100 – 20 =
   4200 – 120 =
   4300 – 220 =
   ⋮
   4900 – 820 =

   d) Was ist das Besondere an diesen Reihen?

   e) Erkläre einem anderen Kind, weshalb das so ist.

   f) Schreibe selbst eine solche Reihe auf.

4. Ordne die Zahlen so geschickt, dass du im Kopf rechnen kannst. Schreibe das Ergebnis in dein Heft.

   a) 940 – 250 – 120 – 250 =
   870 – 320 – 110 – 180 =
   790 – 210 – 160 – 190 =

   Seite 11 Aufgabe 4
   a) 3 2 0, …   b) …

   940 – 250 – 250 – 120
   940 – 500 – 120 = 320

   b) 82500 – 300 – 250 – 700 =
   26700 – 120 – 880 – 400 =

   c) 9500 – 600 – 260 – 400 =
   4700 – 110 – 390 – 200 =

   → AH Seiten 21 und 22

   ★ nutzen Rechenstrategien und entwickeln vorteilhafte Lösungswege
   ★ beschreiben arithmetische Muster und deren Gesetzmäßigkeit
   ★ entwickeln arithmetische Muster, setzen diese fort und verändern sie systematisch

Additionsaufgaben in Schritten lösen

32 400 + 25 200 = ☐

Janek: Ich addiere schrittweise und notiere meinen Rechenweg am Rechenstrich.

+20 000 → +5 000 → +200
32 400 — 52 400 — 57 400 — 57 600

Sofie: Ich addiere in Schritten und schreibe sie untereinander auf.

32 400 + 25 200 = 57 600
32 400 + 20 000 = 52 400
52 400 + 5 000 = 57 400
57 400 +   200 = 57 600

Patrick: Ich schreibe als Kettenaufgabe.

32 400 + ☐ + ☐ + ☐ = ☐

1 Löse die Aufgabe 46 700 + 34 200.

a) Zeichne deine Rechenschritte wie Janek auf.
b) Schreibe deine Rechenschritte wie Sofie und Patrick auf.

Seite 12 Aufgabe 1
a) ...

2 Welche Darstellung der Rechenschritte bevorzugst du? Besprich deine Überlegungen mit einem anderen Kind.

3 Rechne. Notiere deinen Rechenweg.

a) 34 300 + 7 500 = ☐
   62 500 + 22 400 = ☐
    6 080 + 82 200 = ☐
   20 760 + 5 040 = ☐

b) 410 540 + 72 300 = ☐
   135 000 + 47 000 = ☐
   541 010 + 320 300 = ☐
   210 100 + 503 700 = ☐

Seite 12 Aufgabe 3
a) ...

c) Wähle eine Aufgabe aus a) oder b) aus. Schreibe den Rechenweg in der von dir gewählten Form im Lerntagebuch auf.

 70 30 50 → 240 70 500 60 → 750 30 7 250 80 120 300 830

* übertragen eine Darstellung in eine andere
* vergleichen und bewerten Notationsformen
* zerlegen große Zahlen, um schrittweise zu addieren

→ AH Seite 23

Subtraktionsaufgaben in Schritten lösen

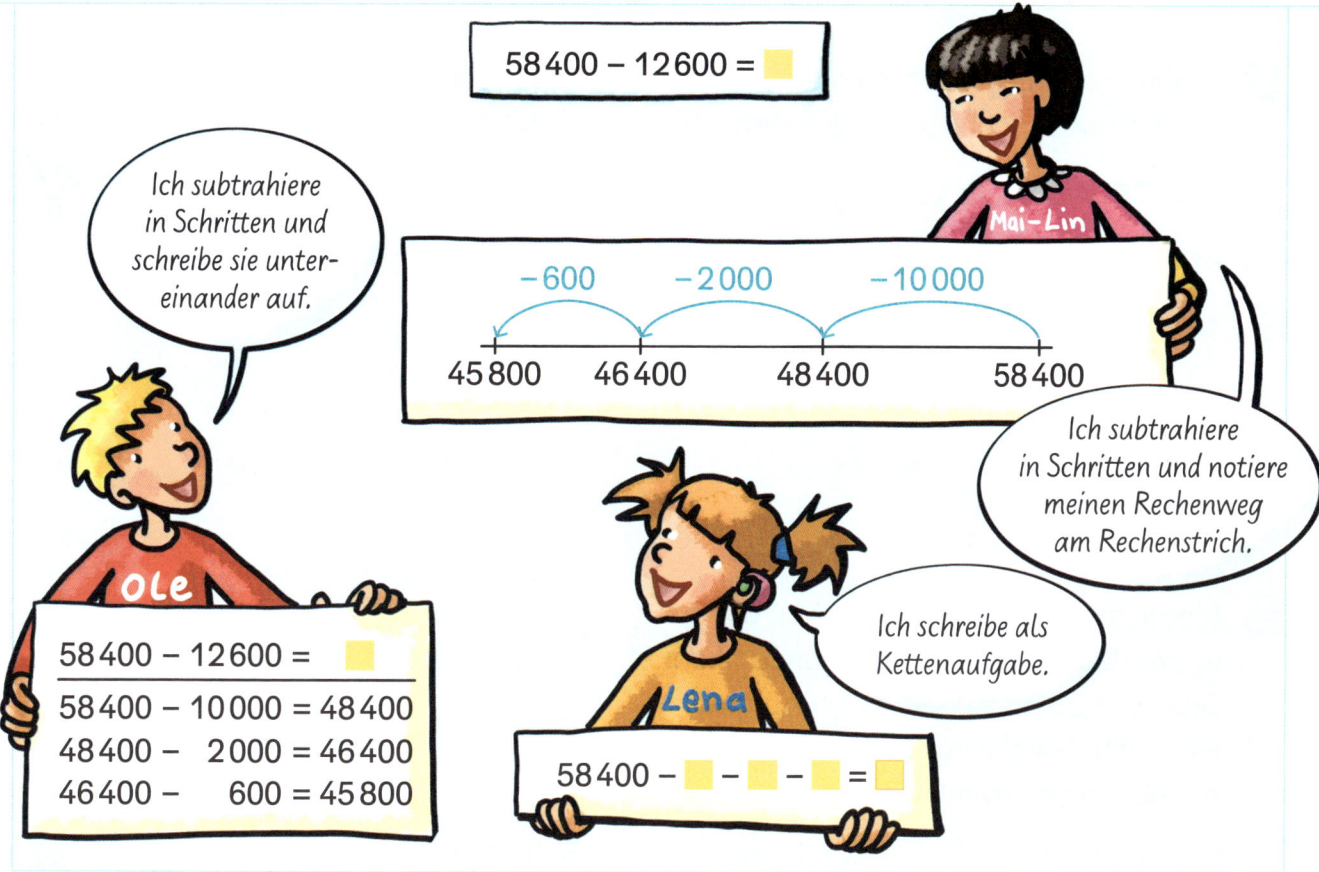

1 Löse die Aufgabe 63 200 – 34 300.

a) Zeichne deine Rechenschritte wie Mai-Lin auf.
b) Schreibe deine Rechenschritte wie Ole und Lena auf.

Seite 13 Aufgabe 1
a) ...

2 Welche Darstellung der Rechenschritte bevorzugst du? Besprich deine Überlegungen mit einem anderen Kind.

3 Rechne. Notiere deinen Rechenweg.

a) 56 800 – 4 600 = ▢
   78 500 – 15 300 = ▢
   84 400 – 51 200 = ▢
   43 300 – 16 500 = ▢

b) 598 600 – 6 800 = ▢
   174 600 – 71 700 = ▢
   637 200 – 115 400 = ▢
   284 700 – 51 800 = ▢

Seite 13 Aufgabe 3
a) ...

c) Wähle eine Aufgabe aus a) oder b) aus. Schreibe den Rechenweg in der von dir gewählten Form ins Lerntagebuch.

→ 400 30 70   → 800 20 400 500   → 1 300 200 50 400 800   470   1 300   2 100

→ AH Seite 24

★ übertragen eine Darstellung in eine andere
★ vergleichen und bewerten Notationsformen
★ zerlegen große Zahlen, um schrittweise zu subtrahieren

Schrittweise ergänzen

1 Ergänze schrittweise zum nächsten Hunderttausender.
Zeichne oder schreibe in dein Heft.

a) 42 760
b) 14 740
c) 137 518
d) 226 945
e) 437 862

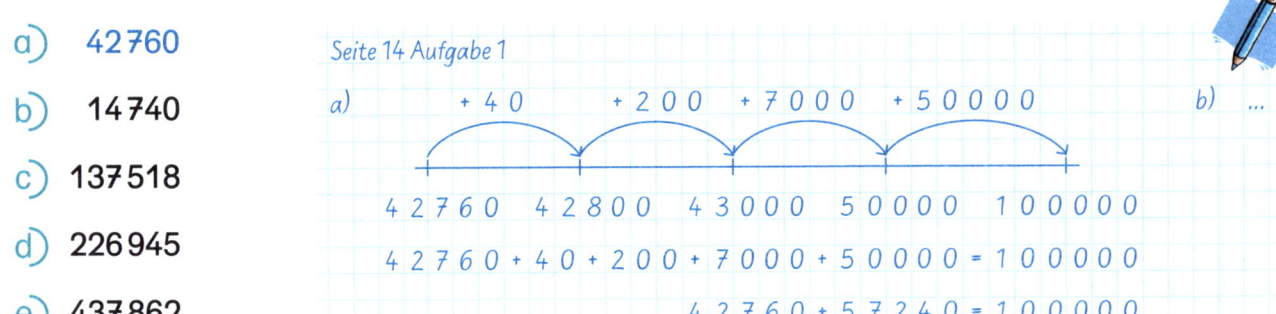

2 Finde jeweils passende Zahlen, die du
in Schritten zu 1 000 000 ergänzen kannst.
Schreibe oder zeichne wie in Aufgabe **1**.
Besprich deine Vorgehensweise und Lösungen
mit einem anderen Kind.

a) in 2 Schritten   b) in 3 Schritten   c) in 4 Schritten

3 Finde jeweils passende Zahlen.

a) In sechs Schritten bis 1 000 000
Verwende für jede Stelle der Startzahl die gleiche Ziffer.

b) In fünf Schritten bis 800 000
Die Startzahl hat wieder nur gleiche Ziffern.

4 Überlege, welche Zahlen es sind.

a) Von der gedachten Zahl bis 100 000 ist es
genauso weit wie von 0 zur gedachten Zahl.

b) Von der gedachten Zahl bis 100 000 ist es
dreimal so weit wie von 0 zur gedachten Zahl.

c) Von der gedachten Zahl bis 1 000 000 ist es
neunmal so weit wie von 0 zur gedachten Zahl.

d) Von der gedachten Zahl bis 240 000 ist es
halb so weit wie von 0 bis zur gedachten Zahl.

e) Stelle deine Überlegungen und Lösungswege auf einem Plakat dar.

* entwickeln vorteilhafte Lösungswege und begründen ihre Ergebnisse
* wenden ihre mathematischen Kenntnisse, Fähigkeiten und Fertigkeiten bei der Bearbeitung herausfordernder und unbekannter Aufgaben an

Auf verschiedene Stellen runden

 1 Suche dir ein anderes Kind. Zeigt euch gegenseitig die Zahlen und ihre Nachbar-Hunderttausender am Zahlenstrahl. Entscheidet jeweils, welcher näher bei der Zahl liegt.

a) 30 000   b) 240 000   c) 370 000   d) 620 000
e) 150 000   f) 880 000   g) 760 000   h) 999 000

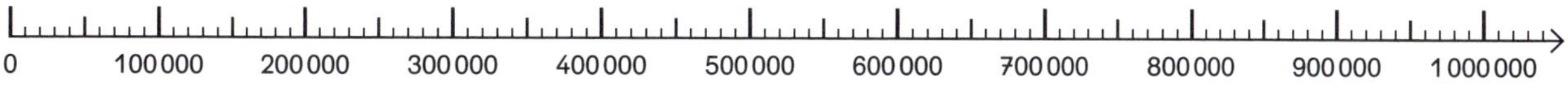

2 Lies am Zahlenstrahl ab, welche Zahlen jeweils genau in der Mitte liegen, und schreibe sie in dein Heft.

a) zwischen 100 000 und 200 000
b) zwischen 400 000 und 800 000
c) zwischen 320 000 und 380 000
d) zwischen 800 000 und 1 000 000

Seite 15 Aufgabe 2
a) 1 5 0 0 0 0   b) ...

3 Am Rhein liegen viele Städte. Sieh dir folgende Auswahl an. (Stand: Ende 2013).

Karlsruhe	Mainz	Wiesbaden	Köln	Düsseldorf
299 103	204 268	273 871	1 034 175	598 686

a) Suche die Städte auf einer Landkarte.
b) Schreibe die Städte geordnet nach ihren Einwohnerzahlen auf.
c) Suche die Einwohnerzahlen am Zahlenstrahl. Runde die Zahlen auf Zehntausender und Hunderttausender. Schreibe ins Heft.

Seite 15 Aufgabe 3
b) ...

c)
Einwohner	gerundet auf ZT	gerundet auf HT
Mainz		
2 0 4 2 6 8	2 0 0 0 0 0	2 0 0 0 0 0
...	:	:

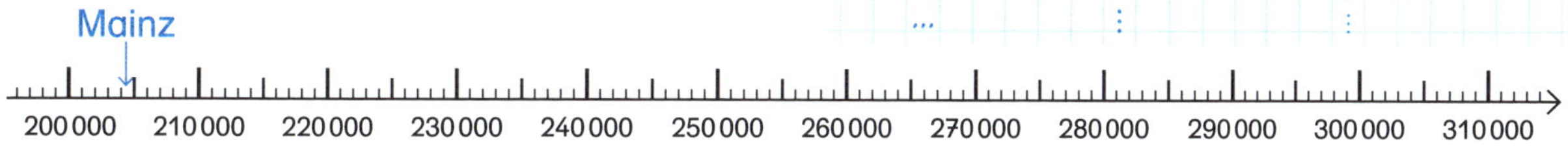

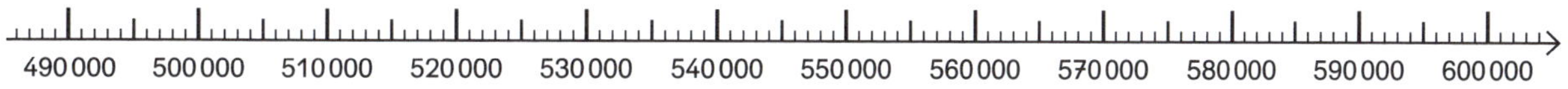

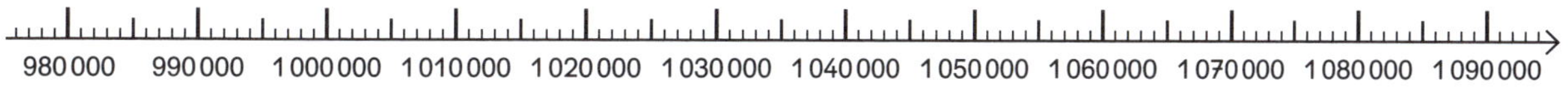

★ vergleichen Zahlen im Zahlenraum bis zur Million
★ überprüfen Ergebnisse durch Überschlag oder Rückbezug auf den Sachzusammenhang

Zahlen runden und Überschlagsrechnungen finden

1 Lege eine Tabelle an und runde folgende Zahlen auf Tausender, auf Zehntausender und auf Hunderttausender.

324 916, 582 642, 765 721, 193 498, 806 054

Seite 16 Aufgabe 1

Zahl	gerundet auf T	gerundet auf ZT	...
324 916	325 000	...	...
...			

2 Hier wurden Zahlen gerundet. Welche könnten es gewesen sein? Schreibe immer die kleinstmögliche und die größtmögliche Zahl auf.

a) ▢ ≈ 43 100
 ▢ ≈ 59 700
 ▢ ≈ 26 800
 ▢ ≈ 95 600

b) ▢ ≈ 340 000
 ▢ ≈ 710 000
 ▢ ≈ 500 000
 ▢ ≈ 990 000

Seite 16 Aufgabe 2

a) 43 050 ≈ 43 100
 43 149 ≈ 43 100
 ⋮

b) ...

3 Runde auf Tausender und rechne im Kopf. Notiere das Ergebnis der Überschlagsrechnung.

a) 4 826 + 3 184
 7 895 − 4 050
 2 672 + 5 724

b) 17 628 + 6 412
 162 413 + 2 020
 275 817 − 3 497

Seite 16 Aufgabe 3

a) 8 000   b) ...

4 Überschlage und gib an, zwischen welchen beiden Tausendern das Ergebnis liegt. Überlege, auf welche Stelle du runden musst.

a) 1 292 + 3 425
 7 812 − 2 576
 5 574 − 2 493

b) 14 820 − 8 473
 154 621 + 21 306
 110 912 − 104 125

Seite 16 Aufgabe 4

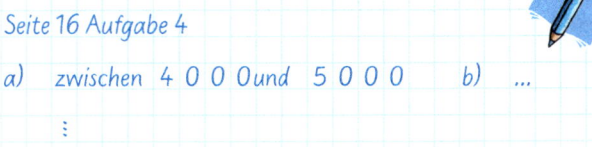

a) zwischen 4 000 und 5 000   b) ...

5 Runde sinnvoll und schreibe Überschlagsrechnungen auf.

a) 1 436 + 25 921
 27 402 − 27 236

b) 78 267 − 16 874
 29 362 + 18 425

Seite 16 Aufgabe 5

a) 1 000 + 26 000 = 27 000   b) ...

---

760 100 80   500 300 70 1 800   3 000 500 2 000 40 9 000   2 300 12 000 840

* übertragen Vorgehensweisen auf ähnliche Sachverhalte
* nutzen die Einsicht in Zusammenhänge zur Problemlösung
* geben die ungefähre Größenordnung von Ergebnissen der Aufgaben im erweiterten Zahlenraum an

→ Ü Seite 19

Schriftlich addieren

1 Schreibe in die Stellentafel und addiere schriftlich.

a) 37 485 + 28 795 + 10 457

b) 4 963 + 128 415 + 777 777

c) 78 367 + 215 970 + 468

Wenn du mehrere Zahlen schriftlich addierst, kannst du auch nur ein Pluszeichen schreiben.

Seite 17 Aufgabe 1

a)
ZT	T	H	Z	E
3	7	4	8	5
	2	8	7	9	5
+ 1	0	4	5	7

b) ...

2 Schreibe die Zahlen stellengerecht untereinander und addiere schriftlich.

a) 54 719 + 26 583 + 12 963

b) 12 916 + 45 759 + 9 895

c) 465 315 + 193 407 + 200 200

d) 9 457 + 154 716 + 370 815 + 96 510

Seite 17 Aufgabe 2

a)
```
   5 4 7 1 9
   2 6 5 8 3
 + 1 2 9 6 3
           1
   ... 5
```
b) ...

3 Bilde aus den Ziffern 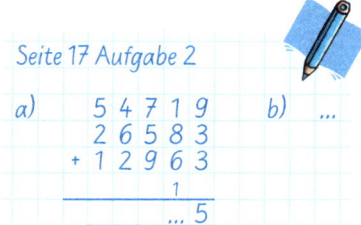 jeweils zwei fünfstellige Zahlen und addiere sie. Lass deine Ergebnisse von einem anderen Kind kontrollieren.

a) Finde mindestens drei verschiedene Aufgaben. Addiere schriftlich wie Einstern.

b) Bilde eine Aufgabe mit dem kleinstmöglichen Ergebnis.

c) Bilde eine Aufgabe mit dem größtmöglichen Ergebnis.

d) Bilde Aufgaben, deren Ergebnisse möglichst nah bei 50 000 liegen.

Seite 17 Aufgabe 3

a) ...

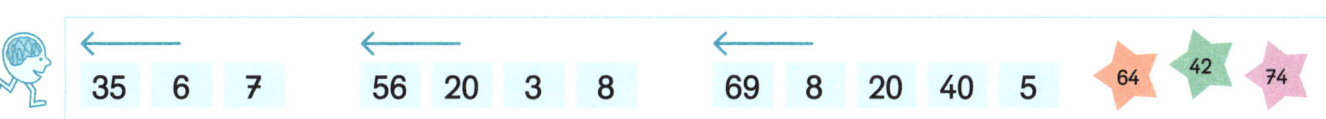

→ Ü Seite 20

Schriftliches Addieren üben

1 Wähle Zahlen aus und bilde mindestens fünf Additionsaufgaben. Addiere schriftlich.

3859 | 154713 | 719 | 568468 | 254740 | 510400 | 676543 | 309588 | 453549

Seite 18 Aufgabe 1
...

2 Bilde aus den Zahlen mindestens fünf Additionsaufgaben. Die Summe soll jeweils zwischen 600000 und 700000 liegen.

230415 | 8490 | 123587 | 88888 | 607590 | 437518 | 98504 | 195399 | 143341

Seite 18 Aufgabe 2
...

3 Berechne alle Zwischenergebnisse und das Endergebnis. Überprüfe dein Endergebnis, indem du alle Zahlen noch einmal in einer Rechnung ohne Zwischenergebnisse addierst.

a) 8516 —(+17488)→ □ —(+153510)→ □ —(+ 987)→ □

b) 34004 —(+10599)→ □ —(+477477)→ □ —(+ 798)→ □

c) 300499 —(+ 9999)→ □ —(+123456)→ □ —(+40009)→ □

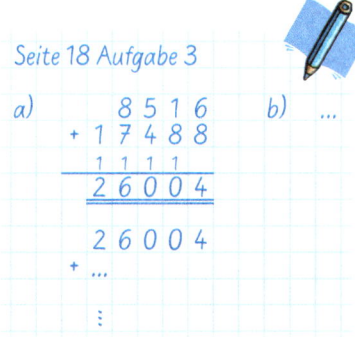

Seite 18 Aufgabe 3

a)
```
    8516
 + 17488
   1111
 -------
   26004
 =======

   26004
 + ...
   ⋮
```
b) ...

4 Bestimme die fehlenden Ziffern und schreibe die Aufgaben in dein Heft.

```
a)   2□36        b)   3928□       c)   □3□□54
   + □4□□           + □6□63          + 1□25□□
     111              1  1             111  1
   ------           -------          --------
     7133             7□3□9            510370

d)   3□7□1□      e)   482518      f)   □□5□7
   + □354□8         +  □7□9□         +  58□9□
     1   1            1   11           11111
   --------         -------          --------
     65□480           □7□6□6           □22016
```

Seite 18 Aufgabe 4
a) ...

* übertragen ihre Kenntnisse und Vorgehensweisen auf komplexere Aufgabenstellungen
* wenden automatisiert das schriftliche Verfahren der Addition an

→ AH Seite 25

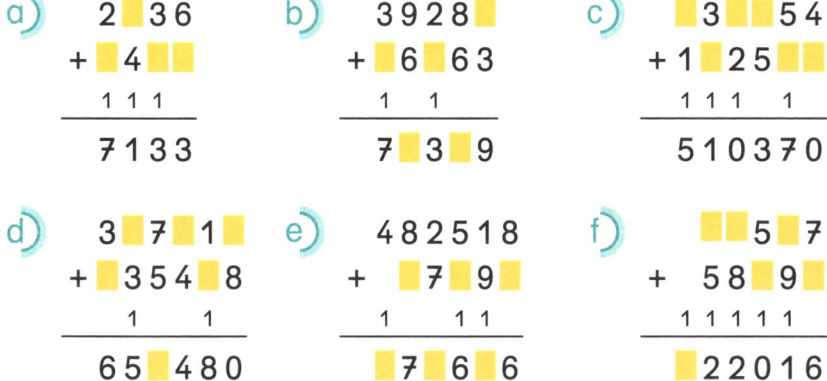

Schriftlich subtrahieren

Abziehen

ZT | H | Z | E
3 5 7 9̶⁸ 2̶¹²
− 1 2 4 6 8
= 2 3 3 2 4

12 minus 8 gleich 4
8 minus 6 gleich 2
7 minus 4 gleich 3
5 minus 2 gleich 3
3 minus 1 gleich 2

Man kann auf zwei Arten schriftlich subtrahieren: durch Abziehen oder durch Ergänzen. Wie rechnest du?

Ergänzen

ZT | H | Z | E
3 5 7 9 2¹⁰
− 1 2 4 6 8
= 2 3 3 2 4

8 plus 4 gleich 12, schreibe 4, übertrage 1.
7 plus 2 gleich 9
4 plus 3 gleich 7
2 plus 3 gleich 5
1 plus 2 gleich 3

1 Übertrage die Aufgaben in dein Heft und berechne das Ergebnis auf deine Art.

a)　　8 1 2 4
　　− 4 0 1 3

b)　　7 1 2 9
　　− 4 2 6 5

c)　　9 4 7 3
　　− 4 1 9 8

d)　　4 1 9 3 7
　　− 3 8 7 1 5

e)　　7 4 6 2 3
　　− 4 3 7 8 9

f)　　5 3 2 0 2 1
　　− 2 1 3 8 0 5

Seite 19 Aufgabe 1
a)　　8 1 2 4
　　− 4 0 1 3
　　　 4 1 1 1
b) ...

2 Schreibe die Zahlen stellengerecht untereinander und bestimme jeweils das Ergebnis.

a)　9 476 − 549
　 71 623 − 654
　 60 412 − 58
　 7 916 − 69

b)　348 217 − 21 745
　　86 324 − 5 802
　　926 483 − 434 261
　　23 607 − 7 856

Seite 19 Aufgabe 2
a)　　9 4 7 6
　　−　 5 4 9
　　　 ....
b) ...

→ Ü Seite 21

*übertragen ihre bisherigen Kenntnisse über das schriftliche Subtrahieren auf den erweiterten Zahlenraum

Schriftliches Subtrahieren üben

1 Wähle Zahlen aus und berechne die Differenz (den Unterschied) von mindestens fünf Zahlenpaaren.

4098 71562 152416 78 9045 536 9999

Seite 20 Aufgabe 1
...

2 Berechne die Ergebnisse der Subtraktionsaufgaben.
Bilde jeweils eine weitere Aufgabe, die in die Reihe passt.
Tipp: Beachte die Reihenfolge der Ziffern.

a) 745213   948132   426081
   − 312547   − 231849   − 180624

b) 873521   421593   695372
   − 378125   − 124395   − 596273

c) 428391   726948   642713
   − 243819   − 279684   − 467231

Seite 20 Aufgabe 2
a) 745213   b) ...
   − 312547
   ─────────
     ...

3 Übertrage die Aufgaben in dein Heft und setze die fehlenden Ziffern ein.

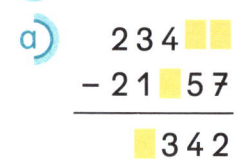

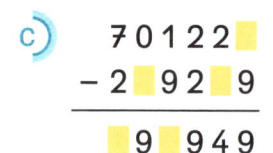

a) 234▢▢   b) 100000   c) 70122▢
   − 21▢57   − ▢562▢   − 2▢92▢9
   ──────   ──────   ───────
     ▢342   6▢▢▢7   ▢9▢949

d) 83▢27▢   e) 465▢78   f) 8▢6543
   − ▢▢25▢1   − ▢5▢517   − ▢4▢6▢8
   ───────   ──────   ───────
    151▢34   2▢48▢1   530865

Seite 20 Aufgabe 3
a) ...

4 Jeweils zwei Aufgaben haben das gleiche Ergebnis.

a) Überlege gemeinsam mit einem anderen Kind, welche beiden Aufgaben das jeweils sind. Schreibe sie in dein Heft. Besprecht und begründet eure Überlegungen.

78735 − 42271 = ▢   94735 − 42271 = ▢
82735 − 30271 = ▢   65876 − 37848 = ▢
42576 − 14548 = ▢   74735 − 38271 = ▢

Seite 20 Aufgabe 4
a) ...

b) Überprüft eure Vermutung, indem ihr die Lösungen der Aufgaben bestimmt.

* wenden automatisiert das schriftliche Verfahren der Subtraktion an
* entdecken Strukturen in vorgegebenen Aufgaben und übertragen diese auf selbst gebildete Aufgaben
* stellen Vermutungen über mathematische Zusammenhänge und Auffälligkeiten an und überprüfen diese

→ AH Seite 26

Zahlenrätsel und Knobeleien lösen

1 | 38 456 | 17 452 | 8 432 | 12 572 | 5 627 | 32 463 |

Schreibe passende Rechnungen auf.

a) Addiere drei Zahlen so, dass sich die größtmögliche Summe ergibt.

b) Subtrahiere die kleinste von der größten Zahl.

c) Addiere alle ungeraden Zahlen.

d) Berechne die kleinstmögliche Differenz.

e) Finde zwei Zahlenpaare. Die Summe des einen Paares soll genauso groß sein wie die Differenz des anderen Zahlenpaares.

2 Bei beiden Aufgaben stehen gleiche Zeichen für gleiche Ziffern. Suche für jedes Zeichen die passende Ziffer.

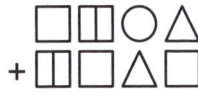

3 Schreibe zu den Zahlenrätseln passende Rechenaufgaben auf und finde die Zahlen.

a) Meine Zahl ist um 3 500 größer als die Differenz der Zahlen 12 475 und 19 786.

b) Wenn ich zu meiner Zahl zuerst 8 475 und anschließend 36 517 addiere, erhalte ich 64 992.

c) Wenn ich zur Differenz der Zahlen 32 760 und 56 420 meine Zahl addiere, erhalte ich 50 000.

d) Subtrahiere von der größten geraden vierstelligen Zahl 3 000, dann erhältst du meine Zahl.

e) Meine Zahl ist die Differenz aus der größten vierstelligen und der kleinsten vierstelligen Zahl.

f) Meine Zahl erhältst du, wenn du die größte und die kleinste dreistellige Zahl addierst, die du aus den Ziffern 2, 4, 9 bilden kannst.

4 Schreibe selbst Zahlenrätsel wie in Aufgabe **3** und stelle sie einem anderen Kind vor.

* wenden ihre mathematischen Kenntnisse, Fähigkeiten und Fertigkeiten bei der Bearbeitung herausfordernder Aufgaben an

Additionsaufgaben überprüfen

1 Überschlage und stelle so fest, welches Ergebnis stimmen könnte.

a)	45836	b)	8926	c)	374002
	51483		5093		25982
	+12917		+17849		+108612
	A 110236		A 28868		A 508596
	B 131236		B 31868		B 400596
	C 86236		C 36868		C 568096

Seite 22 Aufgabe 1
a) Ü: 50 000 + ..., A
b) ...

2 Überschlage und finde so die Aufgaben mit falschem Ergebnis.

a)	354287	b)	572084	c)	384746
	+508627		+193726		+185946
	862914		665700		469682

Seite 22 Aufgabe 2
Falsch: ...   d) ...

d) Welche Fehler wurden gemacht? Beschreibe sie im Heft.

3 Rechne im Heft und kontrolliere, indem du nochmals von oben nach unten addierst.

a)	5264	b)	17385	c)	34783
	+3259		+ 9708		+18676

d)	153497	e)	278361	f)	839557
	+382605		+614029		+ 64375

Seite 22 Aufgabe 3
a)
   5264
 + 3259
   ...
b) ...

* begründen, ob Ergebnisse plausibel und richtig sind, indem sie Rechenfehler finden, erklären und korrigieren sowie Ergebnisse durch Überschlag prüfen

Subtraktionsaufgaben überprüfen

1 Überschlage und stelle so fest, welches Ergebnis stimmen könnte.

a)   274519
   − 120385
   A   54124
   B 154134
   C 394114

b)   691477
   − 30985
   A 560492
   B 722452
   C 660492

c)   763548
   − 250780
   A 312768
   B 412768
   C 512768

Seite 23 Aufgabe 1
a) Ü: 2 7 0 0 0 0 − ..., B
b) ...

2 Überschlage und finde so die Aufgaben mit falschem Ergebnis.

a)   694180
   − 468212
     125968

b)   850477
   − 776679
     173798

c)   523807
   − 391295
     132512

Seite 23 Aufgabe 2
...

d) Welche Fehler wurden gemacht? Beschreibe sie im Heft.

3 Prüfe alle Ergebnisse, indem du die Umkehraufgabe rechnest.
Berechne Aufgaben mit falschem Ergebnis neu.

a)   34716
   − 28529
       6187

b)   268534
   − 107810
     161724

c)   356418
   − 208500
     152118

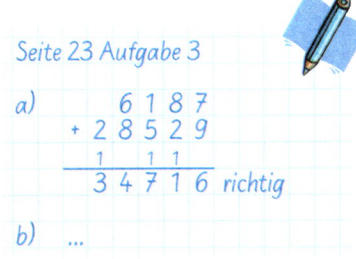

Seite 23 Aufgabe 3
a)   6187
     + 28529
        1 11
       34716 richtig
b) ...

d) 1000000
   − 457891
      653219

e)   466513
   − 212488
     254025

f)   355444
   − 66888
     311444

g) Stelle fest, welche Fehler gemacht wurden. Beschreibe sie im Heft.

4 Schreibe in deinem Lerntagebuch auf, worin sich die Ergebniskontrolle durch Überschlagsrechnung und die Ergebniskontrolle durch die Umkehraufgabe unterscheiden.

★ begründen, ob Ergebnisse plausibel und richtig sind, indem sie Rechenfehler finden, erklären und korrigieren sowie Ergebnisse durch Überschlag prüfen

Im Kopf oder schriftlich rechnen

1 Entscheide zunächst bei jeder Aufgabe, ob du im Kopf oder schriftlich rechnest. Schreibe entweder nur das Ergebnis oder die vollständige Rechnung auf.

a) 92 100 − 5 000 =
    79 850 − 748 =
    45 876 − 5 998 =
    84 382 + 12 410 =
    64 298 + 34 564 =
    100 000 − 39 900 =

b) 872 600 − 350 300 =
    743 217 − 743 210 =
    413 015 + 399 999 =
    524 817 − 147 329 =
    620 000 + 240 500 =
    283 605 + 497 019 =

Seite 24 Aufgabe 1
a) ...

2 Betrachte deine Lösungswege bei Aufgabe **1**.
Bei welchen Aufgaben entscheidest du dich dafür, im Kopf zu rechnen? Wann rechnest du halbschriftlich? Wann rechnest du schriftlich?
Besprich und vergleiche dein Vorgehen mit dem eines anderen Kindes.

3 Stelle selbst eine kleine Aufgabensammlung zusammen …

a) … mit Aufgaben, die du im Kopf löst.
b) … mit Aufgaben, die du halbschriftlich löst.
c) … mit Aufgaben, die du schriftlich löst.
d) Schreibe zu a), b) und c) jeweils ein passendes Beispiel in deinem Lerntagebuch auf.

Seite 24 Aufgabe 3
a) ...

★ entscheiden passend zu einer Aufgabe, welche Art der Berechnung für die Lösung angemessen ist, und erstellen sinnvolle und nachvollziehbare Notizen

Geldbeträge in Kommaschreibweise addieren und subtrahieren

	€	10 ct	1 ct
2,40 € =	2	4	0
0,85 € =	0	8	5
1,25 € =	1	2	5

Beim schriftlichen Rechnen müssen die Kommas genau untereinanderstehen.

Euro unter Euro, Cent unter Cent.

1 Erstelle wie Einstern selbst mindestens drei Rechnungen für Einkäufe von jeweils zwei oder mehreren Gegenständen. Überprüfe durch Überschlag, ob dein Ergebnis stimmen kann.

Seite 25 Aufgabe 1

...

2 Berechne für deine Einkäufe aus Aufgabe **1** das Rückgeld, wenn du nur mit Scheinen bezahlst.

Seite 25 Aufgabe 2

Betrag Rechnung 1: ...

Gegeben: ...

⋮

Rückgeld: ...

3 Schreibe die Beträge stellengerecht untereinander und bestimme jeweils den Gesamtbetrag.

a) 76,29 € + 18,99 € + 0,95 €

b) 3 153,90 € + 408,39 € + 75,69 €

c) 3,75 € + 120,59 € + 82,95 €

d) 104,20 € + 0,80 € + 49,95 €

Seite 25 Aufgabe 3

a)   7 6,2 9 €
      1 8,9 9 €
+   0,9 5 €
_____
     ... €

b) ...

4 Schreibe zu mindestens einer Rechnung in Aufgabe **3** eine Rechengeschichte. Bitte ein anderes Kind, die Aufgabe zu lösen. Besprecht, ob die Produkte in deiner Rechengeschichte zu den Preisen passen.

Seite 25 Aufgabe 4

...

★ verwenden die im Alltag übliche Notation von Geldbeträgen mit Komma
★ addieren Geldbeträge in Kommaschreibweise schriftlich
★ finden zu mathematischen Modellen passende Sachsituationen, Fragen und Problemstellungen

Mit Kommazahlen rechnen

Drei Schnecken kriechen auf der Wiese jede Nacht ein Stück weiter in Richtung zu einem Salatbeet.

Tim und Lea möchten wissen, welche Schnecke die längste Strecke gekrochen ist.

	1. Nacht	2. Nacht	3. Nacht
 	2353 cm	22,80 m	24,36 m
 	2503 cm	21,29 m	23,75 m
 	2005 cm	21,65 m	26,32 m

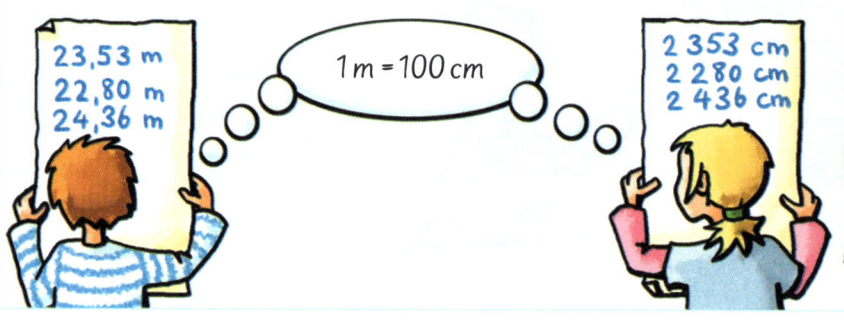

1 Berechne, wie weit jede Schnecke gekommen ist.

a) … in m wie Tim

b) … in cm wie Lea

c) Wie lange würden die Schnecken brauchen, wenn sie einmal um einen Sportplatz kriechen würden? Suche dir ein anderes Kind. Besprecht eure Vorgehensweise. Überlegt, ob eure Ergebnisse stimmen können.

Seite 26 Aufgabe 1
a) 2 3,5 3 m   b) …
    2 2,8 0 m

2 Addiere schriftlich. Wandle vorher in eine Einheit um.

a) 4 640 cm + 13,81 m + 470 cm + 38 cm + 1 570 cm

b) 4,90 € + 95 ct + 9 € + 5,31 € + 9 ct + 17,84 €

c) 5 kg + 3,500 kg + 5 g + 8,010 kg + 116 g

Seite 26 Aufgabe 2
a) …

3 Ole schaut zu, wie der Handwerker die Spülmaschine repariert. „Für die Arbeit benötige ich mindestens eine Stunde. Pro Stunde berechne ich 49 €. Das Ersatzteil kostet 114,95 €. Die Anfahrt und Abfahrt kosten 28 €."

Berechne, wie viel die Reparatur mindestens kosten wird.

Seite 26 Aufgabe 3

Rechnung:

Antwort: Die Reparatur …

* wandeln Einheiten innerhalb eines Größenbereichs um
* übersetzen Problemstellungen aus Sachsituationen in ein mathematisches Modell und lösen sie

→ AH Seite 27
→ Ü Seite 23

Gerundete und genaue Zahlenangaben vergleichen

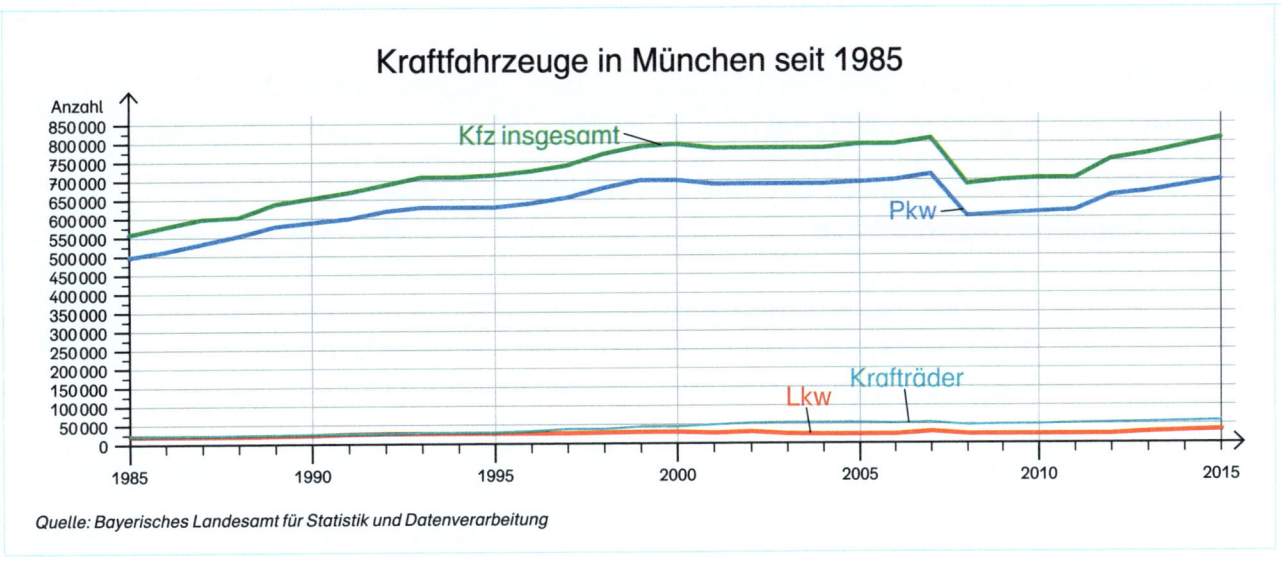

Kraftfahrzeuge in München seit 1985

Quelle: Bayerisches Landesamt für Statistik und Datenverarbeitung

1 Lies im Schaubild die jeweiligen Zahlen auf Zehntausender gerundet ab und beantworte die folgenden Fragen.

a) Um wie viel stieg die Zahl der Pkw ungefähr zwischen 1985 und 2015?

Seite 27 Aufgabe 1
a) ...

b) Bei welcher Kraftfahrzeugart hat sich die Anzahl der zugelassenen Fahrzeuge zwischen 1985 und 2015 etwa verdoppelt?

c) In welchem Jahr fiel die Zahl der zugelassenen Pkw am tiefsten? Um wie viel?

d) Notiere selbst weitere Vergleiche und Informationen, die du dem Schaubild entnehmen kannst.

	2008	2009	2010	2011	2012	2013	2015
Kfz insgesamt	692 542	698 765	704 348	707 697	755 823	771 625	812 545
Pkw	607 060	612 380	616 318	618 787	663 127	674 394	705 476
Lkw	26 668	26 359	26 255	26 186	28 760	31 259	34 835
Kraftrad	48 630	49 939	51 754	52 775	53 936	55 889	61 368

Quelle: Bayerisches Landesamt für Statistik und Datenverarbeitung

2 Vergleiche die Tabelle und das Schaubild.

a) Schreibe auf, welche Vorteile das Schaubild bietet und welche die Angaben in der Tabelle.

Seite 27 Aufgabe 2
a) ...

b) Schreibe mindestens fünf Vergleiche wie in Aufgabe **1** mit genauen Zahlenangaben auf. Vergleiche deine Ergebnisse mit denen eines anderen Kindes. Überlegt gemeinsam, welche Bedeutung und Auswirkung diese Entwicklung hat.

* entnehmen relevante Informationen aus verschiedenen Quellen und formulieren dazu mathematische Fragestellungen
* nutzen und bewerten geeignete Darstellungsformen für das Bearbeiten mathematischer Probleme

Statistische Angaben auswerten

1 Die Statistischen Landesämter und das Statistische Bundesamt stellen viele Listen mit Zahlen zu bestimmten Themen (Statistiken) zur Verfügung.

Hier siehst du eine Statistik über die Bevölkerungsentwicklung der Stadt Frankfurt am Main.

	Einwohnerinnen und Einwohner mit Hauptwohnsitz in Frankfurt am Main 2002 bis 2014					
	Bevölkerung		Deutsche		Ausländer	
Jahr	insgesamt	weiblich	zusammen	weiblich	zusammen	weiblich
2002	622 460	317 835	451 958	237 252	170 502	80 583
2003	623 350	318 878	455 082	238 323	168 268	80 555
2004	625 206	319 734	459 606	239 913	165 600	79 821
2005	630 423	321 955	462 277	240 453	168 146	81 502
2006	632 206	323 365	469 532	243 398	162 674	79 967
2007	636 746	325 512	474 221	245 317	162 525	80 195
2008	641 153	327 555	479 756	247 550	161 397	80 005
2009	648 451	330 948	485 195	249 877	163 256	81 071
2010	656 427	334 540	491 545	252 903	164 882	81 637
2011	667 075	339 455	496 564	255 153	170 511	84 302
2012	678 691	344 662	501 756	257 491	176 935	87 171
2013	683 342	351 388	507 797	260 371	185 545	91 017
2014	708 543	358 320	511 966	262 256	196 577	96 064

Quelle: Statistisches Jahrbuch Frankfurt am Main

a) Um wie viel nahm die Bevölkerungszahl zwischen 2009 und 2014 zu?

b) Wie viele männliche Einwohner hatte Frankfurt am Main 2012?

c) Hatte Frankfurt am Main 2007 mehr weibliche oder mehr männliche Bewohner?

d) Wie viel mehr männliche ausländische Bürger lebten 2013 in Frankfurt am Main als weibliche ausländische Bürgerinnen?

e) Wie groß war der Unterschied zwischen der Anzahl der deutschen und der Anzahl der ausländischen Einwohner im Jahr 2014?

f) Suche selbst weitere Fragestellungen. Berechne und stelle deine vergleichenden Angaben übersichtlich dar. Hänge deine Ergebnisse in der Klasse auf.

2 Finde im Internet aktuelle Zahlen zu einer großen Stadt in deiner Nähe. Suchen kannst du unter den Stichworten „Statistik" oder „Einwohnerzahl" und dem Namen der Stadt.

* entnehmen relevante Daten und Informationen aus einer statistischen Tabelle und beschreiben mathematische Zusammenhänge
* formulieren zur Tabelle mathematisch sinnvolle Fragen und begründen ihre Antworten
* recherchieren Daten zu statistischen Angaben

Verkaufszahlen rund ums Auto auswerten

1 In der 1. Liste siehst du die 10 meistgekauften Automarken in Deutschland.
In der 2. Liste siehst du die am häufigsten verkauften Automodelle.
Finde Fragen zu diesen Angaben und beantworte sie.

| \multicolumn{3}{c}{Meistverkaufte Automarken in Deutschland 2015} |||
Platz	Marke	verkaufte Autos
1	VW	685 669
2	Mercedes	286 883
3	Audi	269 047
4	BMW	248 565
5	Opel	229 352
6	Ford	224 579
7	Skoda	179 951
8	Renault	110 039
9	Hyundai	108 434
10	Seat	94 673

Quelle: Kraftfahrt-Bundesamt

| \multicolumn{3}{c}{Meistverkaufte Modelle in Deutschland 2015} |||
Platz	Modell	verkaufte Autos
1	VW Golf	270 952
2	VW Passat	97 586
3	VW Polo	69 867
4	Mercedes C-Klasse	67 549
5	VW Tiguan	58 978
6	Skoda Octavia	57 907
7	Audi A3, S3, RS3	57 858
8	Opel Corsa	52 741
9	Audi A4, S4, R4	52 493
10	Ford Focus	51 677

Quelle: Kraftfahrt-Bundesamt

2 Die folgenden Informationen waren im Internet zu finden.

Im Mai 2012 wurden europaweit knapp 150 000 neue VW verkauft
(Mai 2011: 161 100 Fahrzeuge).

Auf den Plätzen zwei und drei folgen Ford (Mai 2012: 88 060 Fahrzeuge,
Mai 2011: 101 324) und Opel (Mai 2012: 83 846 Fahrzeuge, Mai 2011: 95 588).

Die Plätze vier und fünf belegen Renault (Mai 2012: 76 267, Mai 2011: 90 405)
und Peugeot (Mai 2012: 75 167, Mai 2011: 90 837).

Audi konnte im Mai 2011 64 373 Neuwagen absetzen
und steigerte das Ergebnis im Mai 2012 auf 67 293 Fahrzeuge.

a) Erstelle selbst eine Tabelle mit Überschrift.

b) Berechne Summen und Unterschiede. Schreibe zu deinen Rechnungen passende Aussagen auf.

Seite 29 Aufgabe 2
a) ...   b) ...

Hersteller	Mai 2011	Mai 2012
...		...

3 Suche im Internet aktuelle Zahlen und vergleiche sie.

★ entnehmen relevante Daten aus verschiedenen Darstellungsformen und formulieren dazu mathematische Fragestellungen
★ übertragen die Daten in geeignete andere Darstellungsformen
★ entnehmen relevante Informationen und übersetzen diese in die Sprache der Mathematik

Die Maßeinheit Liter kennenlernen

Flüssigkeitsmengen und das Fassungsvermögen von Behältern werden in Liter (l) und Milliliter (ml) gemessen.

23 000 l

1 l = 1000 ml
1000 ml = 1 l

200 l

300 l

500 ml

200 ml

200 l

1 l 500 ml   1 l   10 ml   50 ml   200 ml   150 l   5 l   10 l

① Suche in Prospekten, auf Flaschen, Verpackungen, … nach Liter- und Milliliter-Angaben.

a) Fertige gemeinsam mit einem anderen Kind ein Plakat mit solchen Angaben. Die passenden Bilder und Etiketten kannst du ausschneiden oder selbst zeichnen.

b) Du kannst dich auch nach Füllmengen beim Auto erkundigen.

② Gestalte gemeinsam mit anderen Kindern eine Ausstellung mit leeren Verpackungen, auf denen sich Liter- oder Milliliter-Angaben befinden. Ordnet die Verpackungen der Größe nach.

③ Schreibe in dein Lerntagebuch Beispiele für die Maßeinheiten 1 l, 500 ml und 250 ml.

④ Befrage Erwachsene und andere Kinder, mit welchen Hilfsmitteln die Menge von Flüssigkeiten gemessen wird. Stelle deine Ergebnisse mithilfe eines Plakates vor.

★ entnehmen Informationen zu Hohlmaßen aus unterschiedlichen Quellen der Lebenswirklichkeit und beschreiben diese im Austausch mit anderen Kindern
★ recherchieren Möglichkeiten zum Messen von Hohlmaßen

Das Fassungsvermögen schätzen und vergleichen

 1 Suche dir ein anderes Kind. Bringt verschiedene Gefäße, wie Flaschen, Gläser, Schüsseln … mit.

a) Schätzt und ordnet die Gefäße nach ihrem Fassungsvermögen.

b) Überprüft eure Schätzung durch Umfüllen.

c) Schreibt Vergleiche auf. Nutzt Begriffe wie:
fasst doppelt so viel wie, fasst etwa dreimal so viel wie …

2 Wählt einige Gefäße aus. Messt mit einem Jogurtbecher, wie viel Wasser in die einzelnen Gefäße passt.

3 Vergleicht eure Ergebnisse von Aufgabe ❷ mit denen anderer Kinder. Findet Erklärungen für die unterschiedlichen Ergebnisse.

4 Zum genauen Messen von Flüssigkeitsmengen benutzt man häufig einen Messbecher. Vergleicht verschiedene Messbecher. Was bedeuten die Striche und Zahlen?

5 Bestimmt mit einem Messbecher, welche Flüssigkeitsmengen in unterschiedliche Gefäße passen: Trinkbecher, Tasse, Suppenteller …

★ schätzen das Fassungsvermögen von unterschiedlichen Gefäßen
★ vergleichen Gefäße direkt oder indirekt nach ihrem Fassungsvermögen

Mit Flüssigkeitsmengen experimentieren

1 Suche dir ein anderes Kind.
Schätzt und findet durch Versuche heraus, wie viel Wasser die einzelnen Gegenstände aufnehmen können. Tragt die Ergebnisse in eine Tabelle ein.

Seite 32 Aufgabe 1

Gegenstand	geschätzt	gemessen
Tafelschwamm	...	...
⋮	⋮	⋮

2 Lasst aus dem Wasserhahn so viel Wasser in einen Eimer laufen, bis eurer Einschätzung nach eine Füllmenge von 1 Liter erreicht ist. Überprüft durch Umfüllen, wie gut ihr geschätzt habt.

3 Führt Versuche durch und ergänzt die Aussagen.
Mit einem Liter kann ich füllen:

a) ▨ Becher mit 500 ml   b) ▨ Becher mit 250 ml   c) ▨ Becher mit 200 ml

Seite 32 Aufgabe 3
a) Mit 1 Liter kann ich ... Becher mit 500 ml füllen.   b) ...

4 Führt weitere Versuche durch.
Verteilt 1 Liter gleichmäßig auf unterschiedlich viele Gläser.
Formuliert Sätze wie Einstern und schreibt sie auf.

Seite 32 Aufgabe 4

Wenn 1 Liter Wasser gleichmäßig in 4 Gläser verteilt wird, ist in jedem Glas $\frac{1}{4}$ Liter Wasser.

← 470 30 80   ← 90 70 9 360   ← 70 300 20 100 580   550 450 650

Einheiten umwandeln

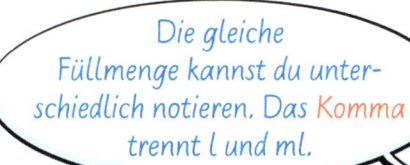
Die gleiche Füllmenge kannst du unterschiedlich notieren. Das Komma trennt l und ml.

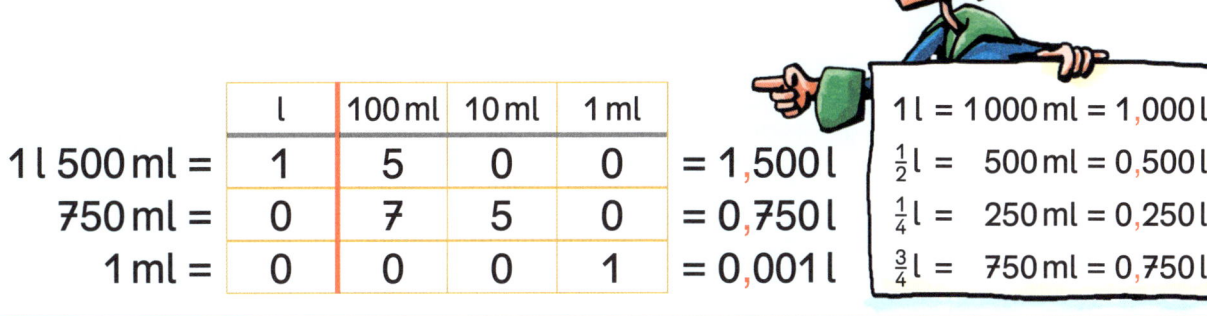

	l	100 ml	10 ml	1 ml	
1 l 500 ml =	1	5	0	0	= 1,500 l
750 ml =	0	7	5	0	= 0,750 l
1 ml =	0	0	0	1	= 0,001 l

1 l = 1 000 ml = 1,000 l
½ l = 500 ml = 0,500 l
¼ l = 250 ml = 0,250 l
¾ l = 750 ml = 0,750 l

1 Lies die eingefüllte Flüssigkeitsmenge am Messbecher ab. Notiere dein Ergebnis sowohl in Milliliter (ml) als auch in Liter (l).

Seite 33 Aufgabe 1
a) 2 5 0 ml = 0,2 5 0 l = ¼ l
b) ...

a)    b)    c)    d)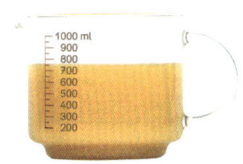

2 Wandle um.

a) Schreibe in Liter.

750 ml; 1 500 ml; 125 ml;
500 ml; 800 ml; 2 l 50 ml; 5 ml;
400 ml; 5 l 300 ml; 2 500 ml

b) Schreibe in Milliliter.

2 l; ½ l; 1,200 l; 0,750 l;
1 l 250 ml; 3 l 200 ml; 6 l;
0,600 l; 0,060 l; 0,006 l

Seite 33 Aufgabe 2
a) 0,7 5 0 l ; ...   b) ...

3 Ordne die Angaben der Größe nach.

a) ½ l; 10 ml; 2 000 ml; 1 l 500 ml; 750 ml; 1 l

b) 2 500 ml; 3 l; ¾ l; 1 700 ml; 3½ l; 300 ml

c) 500 l; 2 500 ml; 250 l; 50 ml; 2 l 500 ml; 500 ml

Seite 33 Aufgabe 3
a) ...

4 Finde Angaben mit gleichem Wert.

1 l 750 ml   750 ml   1 000 ml   ½ l   250 ml

1 l   500 ml   ¼ l   1 750 ml   ¾ l

Seite 33 Aufgabe 4
1,7 5 0 l = 1 7 5 0 ml
⋮

→ Ü Seite 24

★ verwenden die Einheiten Liter und Milliliter, stellen Größenangaben in unterschiedlichen Schreibweisen dar
★ nutzen im Alltag gebräuchliche Bruchzahlen bei Größenangaben, wandeln sie in kleinere Einheiten um

Mit Liter und Milliliter rechnen

1 Übertrage die Tabellen in dein Heft und fülle sie vollständig aus.

a)
Esslöffel	1	3	9	15	24	100
ml	10					

b)
Wassertropfen	5					
ml	1	20	80	100	250	1 000

c)
kleine Tassen	1		5	15	20	12
l	0,100	1		1,500		

d)
Sahnebecher	1			20	15	
l	0,200	1	10			2

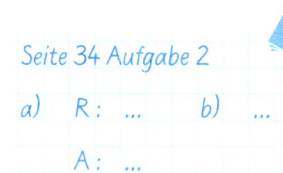

Seite 34 Aufgabe 1
a) ...

2 Fünf benachbarte Familien bestellen jedes Jahr ihr Heizöl gemeinsam, um einen günstigeren Preis zu erzielen.
Die Heizölfirma kommt mit einem 20 000-l-Tanklastwagen und liefert im 1. Haus 3 200 l, im 2. Haus 2 700 l, im 3. Haus 4 100 l, im 4. Haus 3 250 l und im 5. Haus 2 870 l.

a) Wie viel Liter Heizöl sind anschließend noch im Tankwagen?

b) Weshalb wird deiner Meinung nach der Preis für jeden Haushalt durch die Sammelbestellung günstiger? Besprich deine Überlegungen mit einem anderen Kind.

Seite 34 Aufgabe 2
a) R: ... b) ...
A: ...

3 Die Kinder, die an einem Gruppentisch sitzen, haben eine Woche lang aufgeschrieben, wie viel sie in der Schule getrunken haben.

a) Schätze, wie viel die Kinder eines Gruppentisches in der Schule in einer Woche trinken. Reicht ihnen ein Kasten Mineralwasser, in dem 12 Flaschen mit jeweils einem Liter Inhalt sind?

b) Berechne, wie viel die Kinder insgesamt getrunken haben.
Überprüfe, ob du bei a) richtig geschätzt hast.

c) Ermittelt die Gesamtmenge, die alle Kinder an eurem Gruppentisch insgesamt in einer Woche in der Schule trinken. Einige dich mit den anderen Kindern deiner Gruppe auf eine Vorgehensweise.

Elena	2 l 500 ml
Maximilian	3 l 500 ml
Nora	3 l 200 ml
Paul	2 l 700 ml

* lösen Sachsituationen mit Größen
* erkennen funktionale Beziehungen in alltagsnahen Sachsituationen und nutzen diese zur Lösung entsprechender Aufgaben

Zusammensetzung von Getränken auswerten

Saftgetränke unterscheiden sich im Fruchtsaftgehalt.
Der Fruchtsaftgehalt gibt an, wie viel echter Saft der Frucht in der Flasche oder der Saftverpackung ist.
Es gibt Getränke, die aus reinem Fruchtsaft bestehen.
Es gibt aber auch Getränke, die außer Fruchtsaft auch Zuckerwasser enthalten.

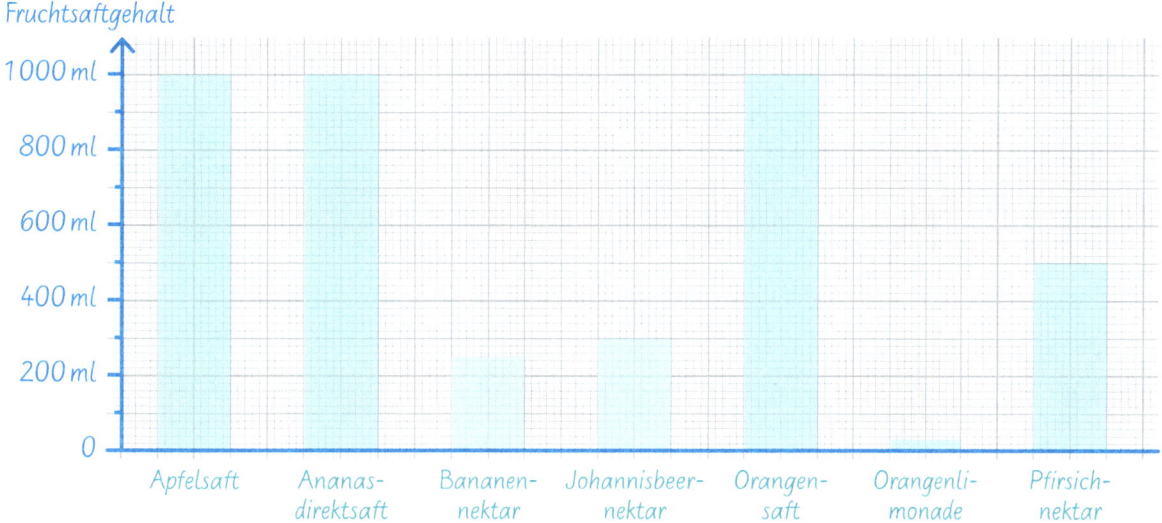

1 Lies im Säulendiagramm ab, wie viel ml Fruchtsaft jeweils in einem Liter der Getränke enthalten ist. Trage die Ergebnisse in eine Tabelle ein.

Seite 35 Aufgabe 1

Saftgetränk	reiner Fruchtsaft	Zuckerwasser
Apfelsaft	...	...
⋮	⋮	⋮

2 Im Internet findest du viele tolle Rezepte für leckere Mixgetränke, die aus verschiedenen Säften und sonstigen Zutaten hergestellt werden.
Du kannst gemeinsam mit anderen Kindern eine Rezeptsammlung anlegen.

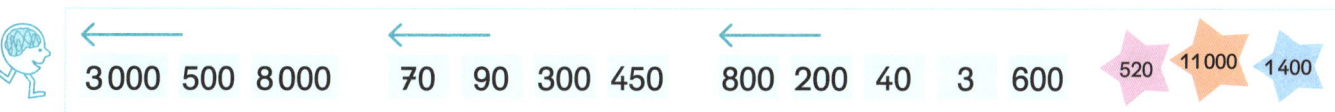

* entnehmen relevante Informationen aus unterschiedlichen Quellen und übertragen sie in andere Darstellungen

Verstecktes Wasser entdecken

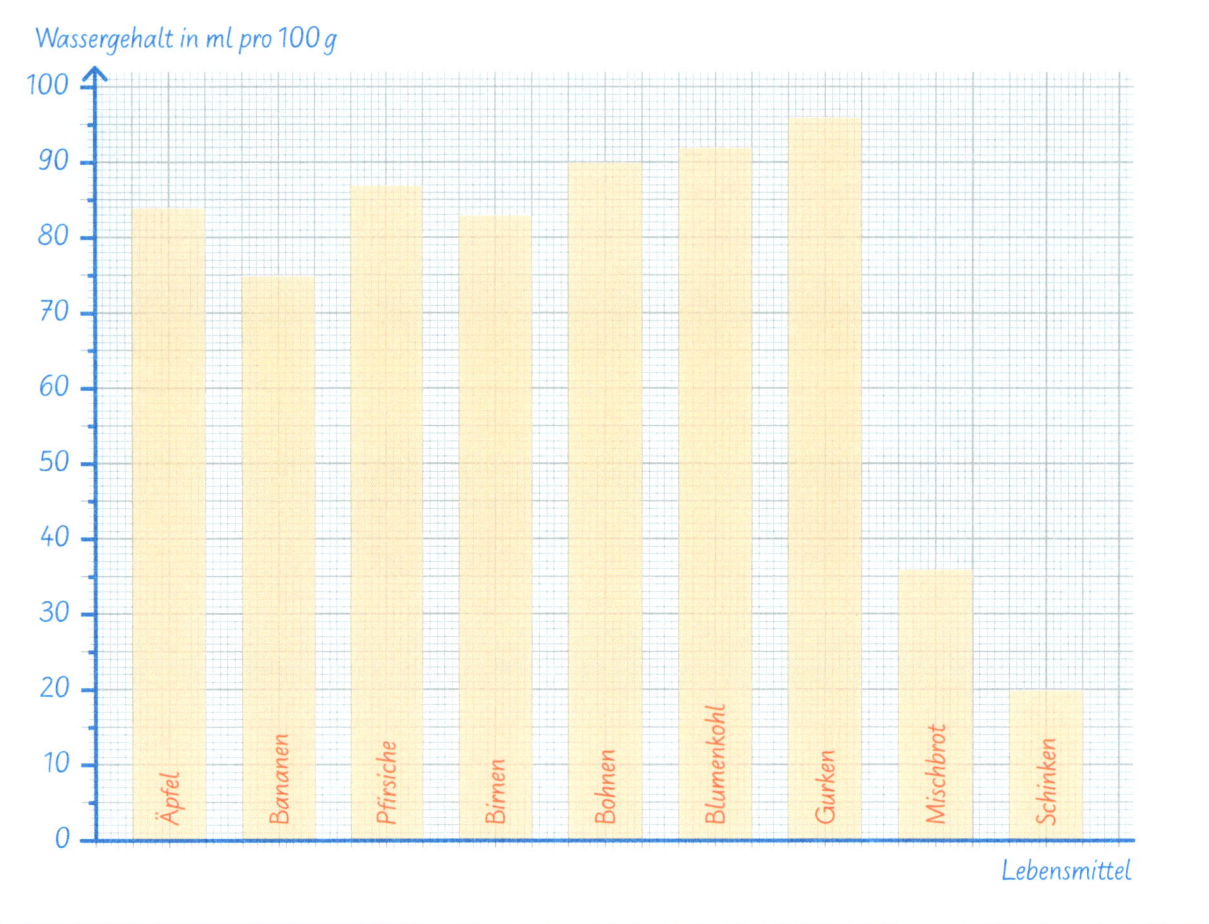

1. Lies im Säulendiagramm ab,
   wie viel Wasser in den Lebensmitteln enthalten ist.

   a) Stelle die Angaben in einer Tabelle dar.

   b) Ergänze in der Tabelle den Wassergehalt
   für jeweils 1 kg der Lebensmittel.

   Seite 36 Aufgabe 1
   a) ...

2. In deinem Alter solltest du pro Tag
   1 bis 1,5 Liter Flüssigkeit zu dir nehmen.
   Dazu zählt auch verstecktes Wasser
   in Lebensmitteln.

   a) Schreibe einen Tag lang auf, wie viel du trinkst
   und wie viel Obst du zum Beispiel isst.
   Bestimme die Flüssigkeitsmenge in ml
   und berechne, ob du genügend Flüssigkeit
   aufgenommen hast.

   b) Vergleiche deine Ergebnisse mit denen
   anderer Kinder.

1 Becher Milch ... ml

★ entnehmen relevante Daten einem Säulendiagramm und übertragen die Daten in eine Tabelle
★ sammeln und vergleichen Daten aus ihrer unmittelbaren Lebenswelt und stellen diese Daten dar

Versteckten Wasserverbrauch kennenlernen

 1 Für die Produktion von Lebensmitteln und Gegenständen wird viel Wasser benötigt. Man nennt dies „virtuelles Wasser". Besprich mit anderen Kindern, wie dieser Wasserverbrauch entstehen kann.

1 kg	Äpfel	700 l	1 Tasse	Kaffee	140 l
1 kg	Erdbeeren	270 l	1 kg	Weizen	1 100 l
1 kg	Bananen	860 l	1 kg	Reis	5 000 l
1 kg	Tomaten	184 l	1 kg	Kartoffeln	133 l
1 kg	Spargel	1 470 l			
1 kg	Mohrrüben	131 l	1	PC	20 000 l
1 l	Apfelsaft	2 700 l	1	Auto	20 000 l bis 400 000 l
1 kg	Schweinefleisch	4 800 l	1	DIN-A4-Blatt Papier	10 l
1 kg	Rindfleisch	15 450 l	1 kg	Leder	16 600 l
1	Ei	200 l	1	Jeans	11 000 l
1 kg	Hühnerfleisch	3 900 l	1	Rose	5 l
1 kg	(1 l) Milch	1 000 l	1	T-Shirt	2 000 l
1 kg	Zucker	1 500 l	1	Unterhose	500 l

2 Überlege und schreibe auf, was du (oder was deine Familie) von diesen Dingen in einer bestimmten Zeit (Tag, Woche, Monat) benötigst. Bestimme den virtuellen Wasserverbrauch für diese Dinge.

Seite 37 Aufgabe 2

 3 Überlege gemeinsam mit einem anderen Kind, wie man den virtuellen Wasserverbrauch vermindern kann. Experten nennen dazu auch Begriffe wie „blaues Wasser", „graues Wasser" und „grünes Wasser". Erkundet, was diese Begriffe bedeuten. Schreibt zu jedem Begriff eine kurze Erklärung.

 4 Gestalte ein Plakat (vielleicht auch mit einem Diagramm) und stelle deine Ergebnisse einem anderen Kind vor.

* lösen Sachsituationen mit Hohlmaßen
* erkennen funktionale Beziehungen und nutzen diese zur Lösung entsprechender Aufgaben
* stellen ihre Ergebnisse und Überlegungen für andere nachvollziehbar dar und präsentieren sie

Den täglichen Wasserverbrauch von Menschen untersuchen

1 Eine Person in Deutschland verbraucht am Tag durchschnittlich etwa 121 l Wasser.

Beantworte die folgenden Fragen mithilfe der Abbildung.
Schreibe Rechnungen und Antworten in dein Heft.
Besprich deine Rechenschritte mit einem anderen Kind.

a) Wenn du alle Einzelangaben addierst, stellst du fest, dass zwischen deinem Ergebnis und dem durchschnittlichen Gesamtverbrauch von 121 l eine Differenz besteht.
Wozu benötigst du außerdem Wasser?

b) Berechne den täglichen Wasserverbrauch für deine Familie.

c) Berechne deinen Wasserverbrauch für zwei Tage, für drei Tage, für die gesamte Woche.

d) Wie viel Wasser verbraucht deine Familie etwa in einer Woche?

e) Du nimmst dir vor, jeden Tag fünf Liter Wasser einzusparen.
Wo könntest du sparen? Wie viel Liter wären das in einem Jahr?

Seite 38 Aufgabe 1
a) ...

2 Ein Kind sollte täglich 1 bis 1,5 Liter trinken.
Schätze zuerst und berechne dann.

a) Wie viel Liter trinkst du dann in einer Woche, einem Monat, einem Jahr?

b) Wie viel Liter Flüssigkeit trinkt deine Klasse an einem Tag, an zwei Tagen, in der Schulwoche?

c) Schreibe an einem Tag auf, was du trinkst und wie viel du etwa trinkst.
Erstelle einen „Steckbrief" zu deinem Trinkverhalten.
Vergleiche deine Ergebnisse mit denen anderer Kinder.

Seite 38 Aufgabe 2
a) ...

* entnehmen Sachsituationen fragenbezogene relevante Informationen
* erkennen funktionale Beziehungen und nutzen diese zur Lösungsfindung
* dokumentieren eigene personenbezogene Werte und vergleichen ihre Ergebnisse mit denen anderer Kinder

Interessante Angaben rund ums Wasser kennenlernen

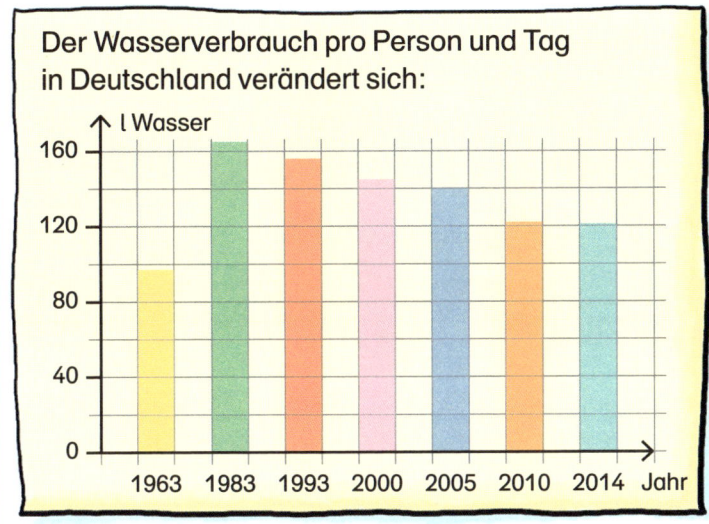

Der Wasserverbrauch pro Person und Tag in Deutschland verändert sich:

So viel Wasser benötigt:
1 Vollbad	ca.	150 l
1 Duschbad (5 Minuten)	ca.	45 l
1 × Wäsche waschen	früher	80 l
	heute ca.	40 l
1 Geschirrspülgang	früher	25 l
	heute ca.	14 l

 1 Arbeite gemeinsam mit einem anderen Kind.
Besprecht eure Überlegungen.

a) Findet Gründe für die Veränderungen des Wasserverbrauchs.

b) Überlegt, mit welchen Maßnahmen man noch mehr Wasser sparen kann.

c) Im Internet findet ihr einen Rechner zum Wasserverbrauch.
Bestimmt damit, was ein geringerer Verbrauch, zum Beispiel
bei Maschinen, im Jahr einsparen könnte.

d) Stellt weitere interessante Angaben und Aufgaben
zum Thema Wasser zusammen.

 2 Finde gemeinsam mit einem anderen Kind Fragen, Antworten und Begründungen.

Der Wasserverbrauch von Menschen pro Tag ist auf der Erde sehr unterschiedlich.
Im Jahr 2007 gab es folgende Werte:
USA: 295 l, Spanien: 270 l, Frankreich: 156 l, Deutschland: 127 l, Indien: 25 l.

Ein Elefant im Zoo trinkt täglich etwa 80 l Wasser. Mit seinem Rüssel kann er auf einmal 5 l Wasser aufnehmen.

Ein großer Laubbaum nimmt am Tag etwa 100 l Wasser auf.

Ein Kamel kann mehrere Tage ohne Wasseraufnahme leben. Dann kann es aber in 10 Minuten etwa 140 l Wasser trinken.

Für die Papierherstellung benötigt man viel Wasser:
für 1 kg Papier aus Holz: 50 l
für 1 kg Papier aus Altpapier: 15 l
Eintausend Blatt Kopierpapier wiegen etwa 5 kg.

* entnehmen aus Darstellungen Daten und ziehen sie zur Lösung von Fragestellungen heran
* finden zu vorgegebenen Problemstellungen selbst Fragestellungen und nutzen dazu eigene Recherchen
* erklären und begründen Beziehungen und vollziehen die anderer Kinder nach

Rechnungen zu „Wasserspielen" zusammenstellen

1 Janek und Mai-Lin füllen das Planschbecken (200 Liter) von Janeks kleiner Schwester mit Wasser.
Sie holen das Wasser mit einem 10-l-Eimer und einem 5-l-Eimer aus der Regentonne.

a) Wie oft müsste Janek mit dem 10-l-Eimer zur Regentonne gehen, wenn er alleine das Planschbecken füllen würde?

b) Wie oft müsste Mai-Lin alleine mit dem 5-l-Eimer gehen?

c) Wie oft müssen Janek und Mai-Lin gemeinsam zur Regentonne gehen, wenn sie das Becken zusammen füllen?

Seite 40 Aufgabe 1
a) ...

2 Am Abend benutzt Janeks Vater das Wasser aus dem Planschbecken zum Gießen. Zuerst gießt er mit der 10-l-Gießkanne die Gemüsebeete. Er füllt sie sechsmal. Mit dem restlichen Wasser gießt er die Blumenkästen mit der 5-l-Gießkanne.

a) Wie oft kann er die 5-l-Gießkanne füllen?

b) Wie viel Wasser ist noch im Planschbecken, wenn Janeks Vater für die Blumenkästen nur 25 l benötigt?

Seite 40 Aufgabe 2
a) ...

3 Der Tank von Mai-Lins Super-Riesenspritzpistole fasst 400 ml. Mit jedem Mal Spritzen werden 20 ml verbraucht.

a) Wie viel Wasser enthält der Tank noch, wenn Mai-Lin dreimal gespritzt hat?

b) Wie oft kann Mai-Lin spritzen, bis der Tank zur Hälfte geleert ist?

c) Nach wie vielen Schüssen ist der Tank völlig leer?

d) Wie oft kann Mai-Lin mit 1 l Wasser spritzen?

e) Wie oft muss sie nachtanken, bis sie 1 l verbraucht hat?

Seite 40 Aufgabe 3
a) ...

← ← ←
4500 3000 2000   500 60 300 2700   300 500 20 1000 3300   3200   6500   3600

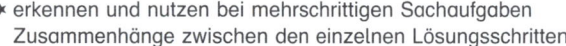
* erkennen und nutzen bei mehrschrittigen Sachaufgaben Zusammenhänge zwischen den einzelnen Lösungsschritten
* lösen Sachsituationen mit Größen